Tsvetelina Valkova

Gestaltungsaspekte kundenorientierter E-Government-Dienstleistungen

GRIN Verlag

Bibliografische Information der Deutschen Nationalbibliothek:

Die Deutsche Bibliothek verzeichnet diese Publikation in der Deutschen National-
bibliografie; detaillierte bibliografische Daten sind im Internet über http://dnb.d-
nb.de/ abrufbar.

Impressum:

Copyright © 2007 GRIN Verlag GmbH
Druck und Bindung: Books on Demand GmbH, Norderstedt Germany
ISBN: 978-3-656-38130-3

Dieses Buch bei GRIN:

http://www.grin.com/de/e-book/209937/gestaltungsaspekte-kundenorientierter-e-
government-dienstleistungen

GRIN - Your knowledge has value

Seminararbeit

WS 2006/2007

gemäß §22 der Prüfungsordnung für die
Diplomstudiengänge Betriebswirtschaftslehre,
Wirtschaftspädagogik und Wirtschaftsinformatik
in der Fassung vom 04. Juli 2002

im Fach: Wirtschaftsinformatik

Generalthema: Business Engineering

Titel: Gestaltungsaspekte kundenorientierter
E-Government-Dienstleistungen

bearbeitet von: Tsvetelina Valkova

Inhaltsverzeichnis

Abbildungsverzeichnis

Abkürzungsverzeichnis

Abb.	Abbildung
BMBF	Bundesministerium für Bildung und Forschung
BMI	Bundesministerium des Innern
BMWA	Bundesministerium für Wirtschaft und Arbeit
bspw.	beispielsweise
diesbzgl.	diesbezüglich
E-Government	Electronic Government
eMail	electronic Mail
G2B	Government-to-Business
G2C	Government-to-Citizen
G2G	Government-to-Government
IKT	Informations- und Kommunikationstechnologie
IT	Informationstechnologie
IuK	Information und Kommunikation
Kfz	Kraftfahrzeug
o. Ä.	oder Ähnliches
u. U.	unter Umständen
vgl.	vergleiche
z.B.	zum Beispiel

1 Einleitung

Die modernen Informations- und Kommunikationstechnologien bieten der öffentlichen Verwaltung grundlegend neue Möglichkeiten zur Organisation des Dienstleistungsangebots. Kommune, Landes- und Bundesbehörden sind mit einer kundenorientierten Gestaltung der Verwaltungsorganisation beschäftigt. Der Bürger wird zunehmend als Kunde betrachtet, der adäquate Leistungen für seine Steuergelder erwartet.[1] Begriffe wie Kunde, Dienstleistung und Servicequalität sind in der Verwaltung seit der verstärkten Modernisierungsdiskussion präsent. Mit dem Rückgriff auf privatwirtschaftliche Konzepte wandelt sich Obrigkeits- wie Wohlfahrtstaat in Richtung Dienstleistungsstaat.[2]

Anliegen dieser Arbeit ist es, die Servicequalität als Gestaltungsaspekt öffentlicher Dienstleistungen im Hinblick auf ein kundenorientiertes Angebot aufzuzeigen. Dabei finden die Besonderheiten öffentlicher Dienstleistungen Berücksichtigung und die spezifischen Rahmenbedingungen für eine E-Government-Entwicklung werden erläutert.

Der zweite Gliederungspunkt behandelt die für den Aufbau der Arbeit erforderlichen theoretischen Grundlagen. Dabei werden die Begriffe der Dienstleistung, des Service Engineering, einer Nonprofit-Marketing-Konzeption, der Begriff der Servicequalität, sowie dieser der öffentlichen Verwaltung erläutert. Anschließend werden die Kunden öffentlicher Verwaltung vorgestellt. Darauf aufbauend wird ein Überblick gegeben über die öffentlichen Dienstleistungen unter Einbeziehung der Rahmenbedingungen im öffentlichen Sektor. Auf ihrer Basis erfolgt im sich anschließenden vierten Teil eine Untersuchung der Kundenanforderungen. Aus diesen sind die Prioritäten bei der Entwicklung kundenorientierter Dienstleistungen abzuleiten.

Auf die Restriktionen, die seitens E-Government zu berücksichtigen sind, wird im fünften Gliederungspunkt näher eingegangen. Im sechsten Gliederungspunkt stehen die Qualitätsdimensionen bei der Dienstleistungsentwicklung im Mittelpunkt der Betrachtung.

Den Abschluss der Arbeit bildet eine Zusammenfassung der dargestellten Gedanken.

---

[1] *Breitling, M.:* Rahmenkonzept für die Entwicklung, Beschreibung und Gestaltung öffentlicher Dienstleistungen. In: 4. Internationale Tagung Wirtschaftsinformatik: WI'99-Doktorandenseminar. http://wi99.iwi.uni-sb.de/, Abruf am 2006-11-09.

[2] *Schmidt, B.:* e-Government und Servicequalität: Analyse zur Perspektive von IT-Anbietern und Verwaltungsführung. Diss., St. Gallen 2003, S. 1.

2 Theoretische Grundlagen

2.1 Begriff der Dienstleistung

Die bei der wissenschaftlichen Abgrenzung von Dienstleistungen verwendeten Definitionsansätze lassen sich grob in vier Kategorien gliedern: enumerative, negative, institutionelle und konstitutive Abgrenzung.[3]
Die konstitutive Abgrenzung bietet die Möglichkeit durch konstitutive Merkmale Dienstleistungen eindeutig von anderen Gütern abzugrenzen.[4] Sie basieren auf der Identifizierung von Eigenschaften, die das Wesen einer Dienstleistung entscheidend prägen. Als wesentliche Dienstleistungscharakteristika sind die Immaterialität und die damit verbundene Nicht-Lagerfähigkeit, die Integration eines externen Faktors in den Leistungserstellungsprozess sowie die Simultanität von Produktion und Absatz (das sogenannte „Uno-Actu-Prinzip") hervorzuheben.[5]
Zu Herausarbeitung eindeutig abgrenzbarer Merkmale einer Dienstleistung wird in der Literatur eine Dreiteilung der Dienstleistung in potenzial-, prozess- und ergebnisorientierte Dimension diskutiert, wobei jede Dimension zu Bestimmung konstitutiver Merkmale herangezogen wird.[6]
Unter der potenzialorientierten Dimension wird die Fähigkeit und Bereitschaft verstanden, mittels einer Kombination von internen Potenzialfaktoren, die ein Anbieter bereitstellt, tatsächlich eine Dienstleistung erbringen zu können. Die prozessorientierte Dimension versteht Dienstleistungen als Prozesse zur Übertragung der Potenzialdimension auf externe Faktoren (z.B. den Kunden). Der Prozess als Abfolge von Tätigkeiten zur Erstellung eines Produkts spielt bei Dienstleistungen eine zentrale Rolle, da häufig erst durch die Einbeziehung des Kunden (bzw. dessen Objekts) in den Prozess eine Dienstleistung erbracht werden kann.[7] Der Zustand nach vollzogener Faktorkombination, d.h. nach Beendigung des Dienstleistungsprozesses, steht im Mittelpunkt der ergebnisorientierten Dimension.[8]

---

[3] Scheer, A.-W., Grieble, O., Klein, R.: Modelbasiertes Dienstleistungsmanagement. In: Bullinger, H.-J.; Scheer, A.-W.: (Hrsg): Service Engineering: Entwicklung und Gestaltung innovativer Dienstleistungen. 2 Aufl., Springer, Berlin et al. 2006, S. 23.
[4] Vgl. Biberstein, I.: Dienstleistungsmarketing. 4 Aufl., Kiehl, Ludwigshafen 2006, S. 27.
[5] Vgl. Haller, S.: Dienstleistungsmanagement Grundlagen-Konzepte-Instrumente. 3. Aufl., Gabler, Wiesbaden 2005, S. 7-8.
[6] Biberstein, I.: Dienstleistungsmarketing. 4 Aufl., Kiehl, Ludwigshafen 2006, S. 28.
[7] Bruhn, M.: Handbuch Dienstleistungsmanagement: Von der strategischen Konzeption zur praktischen Umsetzung. 2. Aufl., Wiesbaden 2001, S. 25-36.
[8] Schneider, K.; Scheer, A.-W.: Konzept zur systematischen und kundenorientierten Entwicklung von Dienstleistungen. IWi Heft 175, April 2003, S. 6.

Aufgrund der Drei-Phasen-Auffassung von Dienstleistungen kann der Begriff der Dienstleistung folgendermaßen definiert werden: Dienstleistungen sind selbstständige, marktfähige Leistungen, die mit der Bereitstellung und/oder dem Einsatz von Leistungsfähigkeiten verbunden sind (Potenzialorientierung). Interne und externe Faktoren werden im Rahmen des Erstellungsprozesses kombiniert (Prozessorientierung). Die Faktorenkombination des Dienstleistungsanbieters wird mit dem Ziel eingesetzt, an den externen Faktoren, an Menschen und deren Objekten nutzenstiftende Wirkungen zu erzielen (Ergebnisorientierung).[9]

2.2 Begriff des Service Engineering

Die Dienstleistungen stellen zunehmend ein sektorübergreifendes Phänomen dar. Die steigende Bedeutung zeigt sich in einer Flut von Veröffentlichungen, die aus theoretischer und praktischer Sicht dem Problemkomplex Dienstleistung widmen. Seit einigen Jahren wird dieser Problembereich auch von Ingenieuren unter dem Stichwort „Service Engineering" aufgegriffen. Sie dienen vor allem dazu eine Bewusstseinverstärkung in der Praxis zu erreichen, dass auch die Dienstleistungsentwicklung ein systematischer und kundenbezogener Prozess ist.[10]

Der Begriff des Service Engineering wird vom DIN Institut als die systematische Entwicklung und Gestaltung von Dienstleistungsprodukten unter Verwendung geeigneter Vorgehensweisen, Methoden und Werkzeuge definiert. Ein so verstandenes Service Engineering ermöglicht die Reduktion von Komplexität bei der Dienstleistungsentwicklung und die Wiederverwendung von bereits realisierten Teillösungen, Methoden und Konzepten.[11]

Das Konzept des Service Engineering unterstützt Unternehmen konkret dabei Dienstleistungen so zu gestalten, dass sie mit der gewünschten Qualität und Effizienz wirtschaftlich am Markt angeboten werden können.[12]

Prüfstein für das Service Engineering wird sein, dass Vorteile wie gesteigerte Dienstleistungsqualität, Kundenorientierung, Effizienz bzw. verkürzte Time-to-

---

[9] *Meffert, H.; Bruhn, M.*: Dienstleistungsmarketing: Grundlagen- Konzepte- Methoden. 5. Aufl., Gabler, Wiesbaden 2006, S. 33.

[10] *Corsten, H.; Gössinger, R.*: Gestaltungsdimensionen von Dienstleistungen. Heft 56, Juni 2003, S. 4-5.

[11] *Burr, W.*: Service Engineering bei technischen Dienstleistungen: Eine ökonomische Analyse der Modularisierung, Leistungstiefengestaltung und Systembündelung. 1. Aufl., Dt. Universitätsverlag, Wiesbaden 2002, S. 14.

[12] *Bullinger, H.-J.; Scheer, A.-W.*: Service Engineering: Entwicklung und Gestaltung innovativer Dienstleistungen. 2. Aufl., Springer, Berlin et al. 2006, S. 4.

3

market realisiert werden können, indem dienstleistende Organisationen Service Engineering Konzepte erstellen und einsetzen.[13] In dem Sinne sind auch öffentliche Verwaltungen als leistungserbringende Organisationen zu betrachten, die dieselben Anforderungen zu berücksichtigen haben.

2.3 Begriff der Dienstleistungsqualität

Gemäß der Definition der Deutschen Gesellschaft für Qualität ist Qualität die Gesamtheit von Merkmalen einer Einheit bzgl. ihrer Eignung, festgelegte und vorausgesetzte Erfordernisse zu erfüllen. Der kundenorientierte Qualitätsbegriff, als eine der Ausprägungen dieses Begriffs, kommt dadurch zum Ausdruck, dass die Anforderungen an das Niveau vom Kunden festgelegt werden. Daher ist der Qualitätsbegriff auch relativ - aus der subjektiven Perspektive des Kunden – zu formulieren.[14]

Die Qualität als „fitness for use", also als Eignungsgrad zur Befriedigung der subjektiven Anforderungen aus Kundensicht, prägt den kundenorientierten Ansatz des Qualitätsbegriffs.[15] Die objektive Qualitätserfassung der Dienstleistung ist oft seht schwierig. So führt z.b. der Charakter der Immaterialität dazu, dass keine physikalisch messbaren Produkteigenschaften vorliegen. Qualitätsmodelle orientieren sich deshalb z.b. an abgeleiteten Qualitätsdimensionen wie Potenzial-, Prozess- und Ergebnisqualität.

Die Potenzialqualität bezieht sich auf die Leistungsbereitschaft und umfasst die personellen, organisatorischen, und materiellen Voraussetzungen auf der Seite des Anbieterunternehmens.[16] Damit wird die Gestaltung der Potenzialqualität nicht nur zur Voraussetzung für eine qualifizierte Dienstleistung, sondern sie wird auch von Kundenseite zum Surrogat für die Ergebnisqualität mangels messbarer Qualitätsindikatoren.[17]

Die Prozessqualität bezieht sich auf alle Prozesse während der Dienstleistungserstellung. Die Endkombination der Produktionsfaktoren kann jedoch erst dann erfolgen, wenn ein sog. externer Faktor zur Verfügung steht, den der Kunde in

---

[13] *Fähnrich, K.-P.; Opitz, M.*: Service Engineering: Entwicklungspfad und Bild einer jungen Disziplin. In: *Bullinger, H.-J.; Scheer, A.-W.*: (Hrsg): Service Engineering: Entwicklung und Gestaltung innovativer Dienstleistungen. 2. Aufl., Springer, Berlin et al. 2006, S. 93.

[14] *Meffert, H.;Bruhn, M.*: Dienstleistungsmarketing: Grundlagen-Konzepte-Methoden. 5. Aufl., Gabler, Wiesbaden 2006, S. 290-293.

[15] *Schwiering, K.*: Electronic Government: Ein Konzept zur innovativen Neugestaltung öffentlicher Aufgabenwahrnehmung. Lit Verl., Münster 2005, S. 81.

[16] *Bodendorf, F.*: Wirtschaftsinformatik im Dienstleistungsbereich. Springer, Berlin et al. 1999, S. 17.

[17] *Schwiering, K.*: Electronic Government: Ein Konzept zur innovativen Neugestaltung öffentlicher Aufgabenwahrnehmung. Lit Verl., Münster 2005, S. 83.

den Leistungserstellungsprozesses einbringt.[18] Die Bewertung der Prozessqualität der Dienstleistung erfolgt durch die subjektive Einschätzung anhand von Qualitätsindikatoren. Die Ergebnisqualität stellt fest, inwieweit die vorgegebenen Kundenziele erfüllt werden. Das Ergebnis ist somit der Nutzen, den der Kunde aus der Dienstleistung zieht.[19]

Die Qualität an sich ist eine zentrale Anforderung des Kunden im Bezug auf die Dienstleistungsentwicklung. Die Qualitätsansätze, die sich auch in der öffentlichen Verwaltung anwenden lassen, bieten die Möglichkeit zur Verbesserung der Servicequalität.[20] Insofern stellen Qualitätskonzepte einen wichtigen Gestaltungsaspekt kundenorientierter E-Government-Dienstleistungen.

2.4 Grundlagen des Nonprofit-Marketing

Eine auf das Gemeinwohl der Gesellschaft bezogene Marketing-Konzeption bedeutet eine Kundenorientierung, die, von integriertem Marketing unterstützt, auf die Erzeugung von Kundenzufriedenheit und langfristiger Konsumentenwohlfahrt ausgerichtet ist und in ihnen den Schlüssel zur Erfüllung der Organisationsziele sieht.[21]

Auf die Begriffe der Kundenorientierung und Kundenzufriedenheit als Hauptziele bei der Dienstleistungsentwicklung im öffentlichen Sektor wird im Laufe der vorliegenden Arbeit näher eingegangen.

Kundenorientierung kann als die Ausrichtung aller zentralen Unternehmensfaktoren, angefangen von der Beschaffung bis hin zum Vertrieb, auf die Bedürfnisse der Kunden und Gegebenheiten des Marktes definiert werden. Sie wird in allen aktuellen Managementkonzepten, wie „Lean Management", „Business Reengineering" oder „Total Quality Management" als ein wesentlicher Wettbewerbsfaktor des Unternehmens angesehen.[22] Die Kundenorientierung beinhaltet den offenen Kontakt zum Kunden, die gezielte Erforschung von Kundenwünschen und die sich daraus ergebenden Anpassung im Dienstleistungserstellungsprozess.[23]

---

[18] *Biberstein, I.*: Dienstleistungsmarketing. 4. Aufl., Kiehl, Ludwigshafen 2006, S. 31.
[19] *Schwiering, K.*: Electronic Government: Ein Konzept zur innovativen Neugestaltung öffentlicher Aufgabenwahrnehmung. Lit Verl., Münster 2005, S. 83.
[20] *Schmidt, B.*: e-Government und Servicequalität: Analyse zur Perspektive von IT-Anbietern und Verwaltungsführung. Diss., St. Gallen 2003, S. 59.
[21] *Kotler, P.*: Marketing für Non-Profit-Organisationen. Poeschel, Stuttgart 1978, S. 47.
[22] *Bogumil, J.; Kißler, L.*: Vom Untertan zum Kunden? Möglichkeiten und Grenzen von Kundenorientierung in der Kommunalverwaltung. Band 8, Ed. Sigma, Berlin 1995, S. 13.
[23] *Meffert, H.; Bruhn, M.*: Dienstleistungsmarketing: Grundlagen- Konzepte- Methoden. 5. Aufl., Gabler, Wiesbaden 2006, S. 3.

Das langfristige Schicksal des Unternehmens hängt von dem Ausmaß der von ihm erzeugten Kundenzufriedenheit ab. Marketing basiert auf der Überzeugung, dass kein Erfolg zu erwarten ist, wenn eine Dienstleistung den Wünschen des Marktes nicht angepasst wurde.

Sinn und Zweck des Marketings ist es, die Erreichung der Organisationsziele zu gewährleisten. Handelt es sich um ein „normales" Unternehmen, so steht die Gewinnerzielung an erster Stelle. Im Nonprofit-Bereich wie z. B. in den öffentlichen Verwaltungen, liegt das Hauptziel häufig im Gemeinwohl.[24]

2.5 Öffentliche Verwaltung

Öffentliche Verwaltungen im engeren Sinne stellen Institutionen dar, die mit ihren Einnahmen und Ausgaben in öffentlichen Haushalt einer Gebietskörperschaft vollständig eingebunden sind und Allgemeinbedürfnisse decken. Dazu zählen Ämter, Behörden und Ministerien auf Bundes-, Landes- und Kommunalebene. Die öffentlichen Verwaltungen finanzieren sich überwiegend aus Steuern, Gebühren und Beiträgen.[25]

Öffentliche Verwaltungen sind staatliche Organe, die exekutive Funktionen ausüben. Dieses administrative Selbstverständnis umfasst die grundlegende Aufgabe, die Entscheidungen der Regierung auf alle drei Ebenen in die politische Wirklichkeit umzusetzen. Öffentliche Verwaltungen sind somit bei ihrer Aufgabenerfüllung stark an politische Vorgaben der Gebietskörperschaften gebunden, wodurch ihr Spielraum für ein eigenständiges wirtschaftliches Verhalten wesentlich stärker eingeschränkt ist.[26]

Öffentliche Verwaltungen unterscheiden sich von privaten Haushalten und Unternehmen durch wesentlich andere Zielsetzungen. Sie erbringen Dienstleistungen, die die private Wirtschaft nicht erbringt oder die sie nach überwiegender Ansicht der Allgemeinheit nicht so gut erbringt.[27] Sie verfolgen das Ziel der Förderung des Gemeinwohls durch Deckung kollektiver Bedarfe. Die öffentlichen Ziele resultieren aus öffentlichen Interessen, die die hierzu legitimierten politischen Instanzen wahrnehmen, artikulieren und durchsetzen.[28]

---

[24] *Kotler, P.*: Marketing für Non-Profit-Organisationen. Poeschel, Stuttgart 1978, S. 6-7.

[25] *Raffée, H.; Fritz, W.; Wiedmann, P.*: Marketing für öffentliche Betriebe. Kohlhammer, Stuttgart et al. 1994, S. 19-24.

[26] Vgl. *Raffée, H.; Fritz, W.; Wiedmann, P.*: Marketing für öffentliche Betriebe. Kohlhammer, Stuttgart et al. 1994, S.100

[27] *Bogumil, J.; Kißler, L.*: Vom Untertan zum Kunden? Möglichkeiten und Grenzen von Kundenorientierung in der Kommunalverwaltung. Band 8, Ed. Sigma, Berlin 1995, S. 16.

[28] Vgl. *Eichhorn, P.*: Öffentliche Betriebswirtschaftslehre: Beiträge zur BWL der öffentlichen Verwaltungen und öffentlichen Unternehmen. Berlin Verlag, Berlin 1997, S. 111.

Electronic Government, digitales Rathaus und virtuelle Verwaltungen sind einige der Begriffe, die in den letzten Jahren unter reger Anteilnahme der Öffentlichkeit die Modernisierungsdebatte der öffentlichen Verwaltung und Betriebe wesentlich bestimmt haben. Die Schaffung von Kompetenz und Qualifikation, Vertrauensbildung, Zugänglichkeit, Lebensqualität und die Verwaltungsmodernisierung durch Informations- und Kommunikationstechnologie stehen dabei im Vordergrund.[29] In Form eines E-Government erhält die Verwaltung die Chance, sich zu einem Dienstleister zu entwickeln, der mit Hilfe schlanker Prozesse flexibel und kostengünstig zur Zufriedenheit seiner Kunden agiert.[30]

E-Government

E-Government umfasst die vollständige Abwicklung geschäftlicher Prozesse mit Hilfe von Informationstechnologie. Dies umschließt Prozesse innerhalb von Regierung oder öffentlicher Verwaltung, sowohl auf supranationaler, nationaler, regionaler wie auf lokaler Ebene, als auch in Legislative, Exekutive oder Jurisdiktion. Das besondere an E-Government ist, dass dieser Austausch über elektronische Medien abläuft.[31] Dazu gehört die elektronische Abwicklung und Automatisierung von Standardprozessen im Innen- und Außenkontakt, integriertes Datenmanagement, die Vereinfachung und Beschleunigung von Beschaffungs- oder internen Genehmigungsverfahren, die Erhöhung der Transparenz und die Verbesserung des Ressorcenmanagement.[32]

Die virtuelle Verwaltung ist die Abbildung der realen Verwaltung im Informationsraum. Diesbzgl. müssen neue Gestaltungskriterien angelegt werden. Aufgaben und Leistungen bspw. können über institutionelle Grenzen hinweg so gebündelt werden, wie sie sich aus der jeweiligen Lebenslage ihrer Adressaten heraus darstellen.[33]

---

[29] *Manefeld, P.*: IT in der öffentlichen Verwaltung „E-Government": Lösungen für digitale Rathäuser. *Hewlett Packard GmbH* (Hrsg.). In: D2: Mit Internet Staat machen: E-Government und die Zukunft der Demokratie.

[30] Vgl. *Scheer, A.-W.; Kruppke, H.; Heib, R.*: E-Government: Prozessoptimierung in der öffentlichen Verwaltung. Springer, Berlin et al. 2003, S. 17.

[31] *Von Lucke, J.*: Electronic Government in der Welt. In: *Reinermann, H.* (Hrsg.): Regieren und Verwalten im Informationszeitalter: Unterwegs zur virtuellen Verwaltung. Band 22, R. v. Decker's Verlag, Heidelberg 2000, S. 186.

[32] *Accenture* (Hrsg.): Was-will-der-Buerger.de: Online Angebot und - Nachfrage im öffentlichen Sektor: Eine Bedarfsanalyse von Accenture in Zusammenarbeit mit der Bayerischen Staatskanzlei.

[33] Vgl. *Rolles, R.*: Content Management in der öffentlichen Verwaltung. Diss., Saarland 2004, S. 46.

Damit hat E-Government eine doppelte Dimension, die in den E-Government-Strategien der Länder teilweise auch schon aufgenommen wurde. Einerseits umfasst es die Modernisierung und Optimierung der Prozesse in der öffentlichen Verwaltung und schreibt damit die Ansätze der Verwaltungsmodernisierung der 90er Jahre für das kommende digitale Zeitalter fort. Andererseits besitzt E-Government ein erhebliches Potenzial, die Partizipations- und Entscheidungsmöglichkeiten von Wählern und Gewählten durch mehr Transparenz, Kommunikation und Transaktion deutlich zu verbessern. Aus diesem Grund ist E-Government eine politisch-strategische Herausforderung, der sich alle Gebietskörperschaften stellen müssen.[34]

Derzeitige Schwerpunkte von E-Government-Aktivitäten liegen in einer Öffnung nach außen (Open Government), in einer Kundenorientierung (Customer Oriented Government) und in einer Vernetzung des Regierens und Verwaltens (Networked Government).[35]

3 E-Government und öffentliche Dienstleistungen

3.1 Kunden der elektronischen Verwaltung

Mit dem Rückgriff auf privatwirtschaftliche Konzepte erfolgt eine Neudefinition der Rolle des Adressaten von Verwaltungsleistungen. Man spricht jetzt von Kunden und formuliert als Modernisierungsziel die Kundenorientierung.[36]

Als Kunde der öffentlichen Verwaltung gelten der Bürger, die Wirtschaft und die Verwaltung selbst (siehe Abbildung 1 im Anhang).

Government-to-Citizen (G2C) umfasst die Integration des Staats und seinen Einwohnern, die öffentliche Leistungen in Anspruch nehmen. Außerdem fällt in diesem Bereich auch die Ausübung ziviler Rechte und Pflichten des Bürgers bzgl. der verfassungsgebenden Gewalten einer Demokratie.

Government-to-Business (G2B) meint die Integration von Staat und den privatwirtschaftlichen Partner, die sowohl als Lieferanten als auch als Nachfrager öffentlicher Dienstleistungen auftreten.

Der Begriff Government-to-Government (G2G) beinhaltet die horizontale Integration der drei Staatsgewalten (Legislative, Judikative, Exekutive) und ver-

---

[34] *Kaczorowski, W.; König, R.; Meyer, R.; Wensauer, D.*: eGovernment in den Bundesländern: Sachstand und Perspektiven. Friedrich Ebert Stiftung, Bonn 2003.

[35] *Von Lucke, J.*: Regieren und Verwalten im Informationszeitalter. Band 156, Duncker & Humblot, Berlin 2003, S. 36.

[36] *Bogumil, J.; Kißler, L.*: Vom Untertan zum Kunden? Möglichkeiten und Grenzen von Kundenorientierung in der Kommunalverwaltung. Band 8, Ed. Sigma, Berlin 1995, S. 8.

tikale Integration aller Prozesse auf den relevanten Staatsebenen (Bund, Länder, Kommunen).[37]

3.2 Rahmenbedingungen öffentlicher Dienstleistungen

Im Folgenden werden die Rahmenbedingungen Politik, Recht, Gesellschaft und Technologie betrachtet. Diese Rahmenbedingungen sind durch einen stetigen Wandel gekennzeichnet, was das Verwaltungshandeln immer schwieriger vorhersehbar macht.[38]

Die politischen Rahmenbedingungen erfassen die Strukturen, in denen E-Government eingeführt werden soll, sowie die Präsenz des Themas im politischen Prozess. Vorgaben aus der Politik beeinflussen die Einführung von E-Government und ehrgeizige politische Ambitionen können die Entwicklung beschleunigen. Es gilt also das Thema, auch mit geeignetem Marketing – und Lobbyingmaßnahmen, fest im politischen Prozess zu verankern sowie die Unterstützung mittels Förderprogrammen und Subventionen zu gewährleisten.

Die weite Verbreitung der IuK bringt zahlreiche Herausforderungen an den Gesetzgeber mit sich. Die formellen juristischen Grundlagen wie Verwaltungsvorschriften, Geschäftsordnungen, Verwaltungsgesetze sind zu ändern, um die Effizienzpotenziale inklusive ressort- und ebenenübergreifender Neustrukturierung erschließen zu können. Die spezifischen Fragen zum Angebot über das Internet sind ebenso zu klären: Die wichtigsten beschäftigen sich mit den digitalen Signatur sowie dem Datenschutz. Die Hoheit über die Verantwortlichkeit für Daten muss festgelegt werden und Regeln für den Umgang mit diesen geschaffen werden. Es gilt dabei, die grundlegenden Ansprüche der Öffentlichkeit, wie Privatsphäre und Zugang zu öffentlichen Informationen, zu wahren.

Die Rahmenbedingung „Gesellschaft" steht für die generelle Einstellung der Bevölkerung gegenüber Technologie und Innovationen. Diesbzgl. besteht jedoch noch Skepsis zu Fragen der Vertraulichkeit und Sicherheit von Daten. Die Entwicklung von Sicherheitsinstrumenten und vor allem deren glaubwürdige Kommunikation gegenüber dem Nutzer sollten prioritär sein, wenn es darum geht, die Einstellung der Bürger gegenüber E-Government weiter zu verbessern.

---

[37] *Scheer, A.-W.; Kruppke, H.; Heib, R.*: E-Government: Prozessoptimierung in der öffentlichen Verwaltung. Springer, Berlin et al. 2003, S. 17.
[38] Vgl. *Hill, H.; Klages, H.* (Hrsg.): Aktuelle Tendenzen und Ansätze zur Verwaltungsmodernisierung: Dokumentation einer Fortbildungsveranstaltung an der Deutschen Hochschule für Verwaltungswissenschaften in Speyer mit der Stadt Arnsberg. Raabe, Stuttgart et al. 1998, S. 11.

Das Vertrautmachen der Kunden mit den neuen Technologien kann die breite Nutzung von online Dienstleistungen beschleunigen. Dies kann neben einer kundenorientierten Gestaltung und einer aktiven Vermarktung des vorhandenen Angebots, durch Weiterbildung, Erzeugung einer technikfreundlichen Grundeinstellung und die Förderung öffentlicher Angebote an technischer Infrastruktur erreicht werden. Unter der technologischen Entwicklung werden die Geschwindigkeit technischer Fortschritts und die Richtung neuer Entwicklungen verstanden. Die Verwaltung wird auch in die Zukunft gefordert sein, mit der Entwicklung mitzuhalten und somit den Forderungen der Bürger zu entsprechen. Da die Verwaltung jedoch eher selten als Vorreiter im Einsatz neuer Technologien auftritt, kann sie einfacher auf etablierte, ausgereifte Anwendungen und Systeme setzen.[39]

3.3 Struktur und Systematisierung von Verwaltungsleistungen

Eine vollständige und systematische Erfassung aller öffentlichen Dienstleistungen ist aufgrund des ständigen Wandels der öffentlichen Aufgaben in der Literatur nicht zu finden.[40] Dieser Gliederungspunkt zielt vor allem darauf ab, die kennzeichnenden Eigenschaften öffentlicher Dienstlungen und die in der Literatur vertretenen Typologisierungsversuche anzusprechen.

Öffentliche Dienstleistungen unterscheiden sich von privaten Aktivitäten und Produkten vor allem dadurch, dass sie im Interesse der Allgemeinheit erbracht und von Gesetzgebern und Behörden mit spezifischem Gemeinwohl verknüpft werden. Wer immer sie erstellt und/oder anbietet, hat aus Gründen des Gemeinwohls bestimmte Vorgaben zu beachten.

Es handelt sich dabei um die Funktion des Staates, Grundrechte und Lebensqualität für die Bürger zu garantieren, indem er solche Dienste einrichtet, organisiert oder reguliert und damit Bedürfnisse der Gesellschaft befriedigt. Unter die Dienstleistungen von allgemeinem Interesse fallen hoheitliche Aufgaben und Aufgaben der Daseinsvorsorge.[41]

Die in den öffentlichen Institutionen erbrachten Leistungen fallen im Allgemeinen mit dem Absatz zusammen (Uno-Actu-Prinzip). Wegen der prinzipiellen

---

[39] Vgl. *Schmidt, B.*: e-Government und Servicequalität: Analyse zur Perspektive von IT-Anbietern und Verwaltungsführung. Diss., St. Gallen 2003, S. 39-42.

[40] *Herwig, V.*: E-Government: Distribution von Leistungen öffentlicher Institutionen über das Internet. Eul, Köln 2001, S. 23.

[41] *Eichhorn, P.*: Öffentliche Dienstleistungen: Reader über Funktionen, Institutionen und Konzeptionen. 1. Aufl., Nomos, Baden-Baden 2001, S. 53-54.

Immaterialität öffentlicher Leistungen kann häufig nur eine Auftragsprodukti-
on stattfinden. Die Leistungserstellung in den öffentlichen Institutionen kann
als generell fremdbestimmt angesehen werden. Nicht nur Ausmaß und
Schwankung der Produktion können aufgrund wechselnder Bürgernachfrage
nur bedingt innerhalb gewisser Grenzen vorhergesehen werden, sondern auch
die notwendige Einbeziehung eines externen Faktors machen oftmals kein eindeutig vorhersagbares Ergebnis möglich. Des Weiteren ist das handeln öffentlicher Institutionen infolge des Rechtsträgers in großem Umfang normiert
durch Rechts- und Verfahrensvorschriften.[42]

Bei öffentlichen Dienstleistungen ist nicht nur der Nachfrager Adressat, sondern auch die von den Leistungen positiv oder negativ betroffene Allgemeinheit. Deswegen ist auf die Erforschung von Drittwirkungen besonders hinzu-
weisen. Kundenpflege bezieht sich deshalb auf die faktischen, potenziellen und
indirekten Leistungsabnehmer.[43]

Merkmale öffentlicher Dienstleistungen, die sie von den privaten Dienstleistungen der Unternehmen unterscheiden, sind die Verpflichtung zur Inan-
spruchnahme und Leistungserstellung, der Kreis der Teilnehmer, das Leis-
tungsentgelt, der kollektive Charakter der Güter sowie der Dienstleistungsan-
teil.

Eine Leistungsverpflichtung ergibt sich, wenn die Nachfrage nach der zu
erbringenden Dienstleistung aufgrund gesetzlicher Regelungen verursacht
wird, wie das Ausstellen von Ausweisdokumenten. Des Weiteren sind öffentliche Institutionen grundsätzlich allen Bürgern zur Leistung verpflichtet. Die
besonderen Ziele öffentlicher Verwaltungen können es jedoch erfordern, den
Kreis der Leistungsnehmer einzuengen (z.B. Land, Gemeinde).[44]

Auch die Gegenleistung ist eine kennzeichnende Eigenschaft öffentlicher
Dienstleistungen. Meist werden sie ohne direktes Entgelt abgesetzt.[45]

Die Leistungen öffentlicher Institutionen lassen sich einmal danach gliedern,
ob sie auf die Befriedigung der Bedürfnisse Einzelner ausgerichtet sind (Indi-
vidualgüter), oder ob mit ihnen die Bedürfnisse von Gemeinschaften befriedigt
werden sollen (Kollektivgüter).[46] Während an Individualgütern somit individu-

---

[42] Vgl. *Herwig, V.*: E-Government: Distribution von Leistungen öffentlicher Institutionen über
das Internet. Eul, Köln 2001, S. 30-31.
[43] *Eichhorn, P.*: Öffentliche Dienstleistungen: Reader über Funktionen, Institutionen und
Konzeptionen. 1. Aufl., Nomos, Baden-Baden 2001, S. 58.
[44] Vgl. *Herwig, V.*: E-Government: Distribution von Leistungen öffentlicher Institutionen über
das Internet. Eul, Köln 2001, S. 24-26.
[45] *Kotler, P.*: Marketing für Non-Profit-Organisationen. Poeschel, Stuttgart 1978, S. 23-62.
[46] Vgl. *Herwig, V.*: E-Government: Distribution von Leistungen öffentlicher Institutionen über
das Internet. Eul, Köln 2001, S. 31.

elle Eigentumsrechte bestehen können, ist dies bei Kollektivgütern nicht der Fall. Kollektivgüter stehen der Allgemeinheit zur Verfügung und sind durch die Prinzipien des Nicht-Ausschlusses und der Nicht-Rivalität im Konsum gekennzeichnet.

Öffentliche Leistungen lassen sich auch nach der Art des staatlichen Eingreifens in meritorische und demeritorische Güter unterscheiden. Die meritorischen Leistungen dürfen nicht durch die öffentliche Hand uneingeschränkt der Privatwirtschaft überlassen werden. Das staatliche Eingreifen kann aber auch bedeuten, gesellschaftlich unerwünschte Konsumentenbedürfnisse einzuschränken (demeritorische Leistungen).[47]

Eine weitere Klassifikation wird anhand der Aufgabenbereiche, in denen die öffentlichen Leistungen erstellt werden, möglich. So lassen sich Sicherheits-, Sozial-, Bildungs-, Gesundheits- und Kulturleistungen unterscheiden.[48]

Aufgrund der aufgezählten Besonderheiten öffentlicher Leistungen werden sie nach Raffée/Fritz/Wiedmann in Nominal-, Sach- und Dienstleistungen eingeteilt. Zu den Dienstleistungen zählen Gewährleistungen, die Bereitstellung von Sachnutzungen, persönliche Dienste sowie Nachrichten.[49]

Elektronische Dienstleistungen können ebenso auf Basis der vier Interaktionsdimensionen Information, Kommunikation, Transaktion und Integration klassifiziert werden. Charakterisierungskriterium ist dabei der Grad der Ausgestaltung technisch unterstützter Prozesse zwischen den Benutzern.[50] So werden z.B. die „online-fähigen" Dienstleistungen im Rahmen des Projektes „BundOnline 2005" anhand von neun Typen klassifiziert, die ihrerseits den drei Wertschöpfungsstufen „Information", „Kommunikation" und „Transaktion" zugeordnet sind.[51]

Mit Hilfe der IKT können viele Verwaltungsdienstleistungen zeitlich und räumlich unbegrenzt angeboten werden. Dabei lässt sich das Angebot deutlich verbessern, so dass eine umfassende Beratung und Betreuung der Bürger unter

---

[47] Vgl. *Raffée, H.; Fritz, W.; Wiedmann, P.*: Marketing für öffentliche Betriebe. Kohlhammer, Stuttgart et al. 1994, S. 30.

[48] *Herwig, V.*: E-Government: Distribution von Leistungen öffentlicher Institutionen über das Internet. Eul, Köln 2001, S. 32.

[49] *Raffée, H.; Fritz, W.; Wiedmann, P.*: Marketing für öffentliche Betriebe. Kohlhammer, Stuttgart et al. 1994, S. 31.

[50] *Scheer, A.-W.; Kruppke, H.; Heib, R.*: E-Government: Prozessoptimierung in der öffentlichen Verwaltung. Springer, Berlin et al. 2003, S. 28-29.

[51] *Bundesministerium des Innern* (Hrsg.): BundOnline 2005 : Abschlussbericht - Status Quo und Ausblick. Berlin 2006.
http://www.kbst.bund.de/cln_006/nn_836192/Content/Egov/Initiativen/Bol/, Abruf am 2006-11-06.

Berücksichtigung individueller Bedürfnisse erreicht werden kann. Dadurch erzeugt die Verwaltung beim Bürger einen freundlicheren, zugänglicheren und weniger furchteinflößenden Eindruck.[52]

4 Kundenanforderungen an E-Government

Auf das Verwaltungshandeln wirken sich eine Reihe Anforderungen von Seiten des Kunden aus. Von der Verwaltung wird erwartet, dass sie mehr auf die Bürger und Unternehmen eingeht, dass sie flexibel und transparent ist und Bürgern und Unternehmen einen „Gegenwert" für ihre Steuern und Gebühren liefert.[53] Die gestiegenen Kundenansprüche äußern sich vor allem in den Anspruchsdimensionen Qualität, Bearbeitungszeit und Umfang der angebotenen Veraltungsleistungen. Wiederholt wird bemängelt, dass öffentliche Verwaltungen nicht ausreichen bürgernah seien, dass die Bediensteten umständlich handelten, dass der Bürger einen endlosen Kampf gegen Formulare führen müssen und sich im Paragraphendschungel und im Beamten- und Juristendeutsch nicht ausreichend zurechtfände.[54] Bürger und Unternehmen gehen dazu über, das Verwaltungshandeln an Maßstäben des Dienstleistungssektors zu messen.[55]

4.1 Bürger als Kunde

Laut einer Online-Umfrage von Accenture verlangen die Bürger vor allem mehr Servicequalität, Transparenz und Bürgernähe der Behörden. Sie sind sich darüber einig, dass eine Abwicklung von Dienstleistungen über Internet, Call Center oder elektronische Kioske eine Verbesserung der Servicequalität bewirken könnte. Für die Befragten sind vor allem die Online-Dienstleistungen interessant. Im Vordergrund stehen für Bürger An- und Ummelden beim Einwoh-

---

[52] Vgl.*Von Lucke, J.*: Regieren und Verwalten im Informationszeitalter. Band 156, Duncker & Humblot, Berlin 2003, S. 86.
[53] Vgl. *Hill, H.; Klages, H.* (Hrsg.): Aktuelle Tendenzen und Ansätze zur Verwaltungsmodernisierung: Dokumentation einer Fortbildungsveranstaltung an der Deutschen Hochschule für Verwaltungswissenschaften in Speyer mit der Stadt Arnsberg. Raabe, Stuttgart et al. 1998, S. 11.
[54] *Raffee, H.; Fritz, W.; Wiedmann, P.*: Marketing für öffentliche Betriebe. Kohlhammer, Stuttgart et al. 1994, S. 16.
[55] *Becker, J.* (Hrsg.): Identifikation von Best Practices durch Geschäftsprozessmodellierung in öffentlichen Verwaltungen. In: *Strahringer, S.* (Hrsg.): Business Engineering. Heft 241, Dpunkt, Heidelberg 2005, S. 86.

nermeldeamt, Steuererklärung, Kfz-Zulassung beziehungsweise -Ummeldung und Bestellen von Dokumenten wie Führungszeugnisse o. Ä.[56] Zeitfaktoren, das heißt Öffnungszeiten, Wartezeiten, und Bearbeitungszeiten haben einen herausragenden Einfluss auf die Zufriedenheit der Bürger. Was die kundenorientierte Dienstleistungen angeht, wird eine Verständlichkeit von Formularen, ein unbürokratisches Handeln und zentrale Erledigung gefordert.[57] Im Bereich „Mehr Bürgernähe" ist das Problem mangelhafter Umsetzungseffizienz zu sehen, ebenso die Notwendigkeit, das Personal für eine ausreichende Bürgernähe zu qualifizieren um das erforderliche „Vertrauenskapital" für ihren öffentlichen Partner zu schaffen. Die direkte Beteiligung der Bürger bei den Maßnahmen für „Mehr Bürgernähe" zwecks Schaffung von mehr Legitimität sowie das Einräumen von Informations- und Transaktionsrechten in den Beziehungen zu öffentlichen Einrichtungen sind angemessene Maßnahmen in Richtung Bürgerorientierung. Der elektronische Abruf des aktuellen Bearbeitungsstandes, der Ausbau der Serviceorientierung der Verwaltungsmitarbeiter sowie die Einrichtung von One-Stop-Agencies in öffentlichen Einrichtungen könnte den Kontakt nicht nur zwischen dem Bürger und der Verwaltung, sondern auch den Kontakt zwischen der Wirtschaft und der Verwaltung verbessern.[58]

4.2 Unternehmen als Kunde

Die Unternehmen wollen mit Behörden direkt und formlos per eMail oder in Form von vollwertigen Online-Transaktionen über das Web kommunizieren und interagieren. Dabei fordern sie auch ein, Real-Time-Statusabfragen online tätigen, Formulare online ausfüllen und unterschreiben sowie diese Services elektronisch bezahlen zu können. Der Gewinn von Transparenz über den Status von Anträgen und Genehmigungsverfahren ist besonders wertvoll, weil viele unternehmerische und finanzielle Entscheidungen maßgeblich von öffentlichen Erlaubnissen oder Lizenzen abhängen. Die Online-Dienstleistungen sind be-

---

[56] *Accenture* (Hrsg.): Was-will-der-Buerger.de: Online Angebot und - Nachfrage im öffentlichen Sektor: Eine Bedarfsanalyse von Accenture in Zusammenarbeit mit der Bayerischen Staatskanzlei.

[57] Vgl. *Hill, H.; Klages, H.* (Hrsg.): Aktuelle Tendenzen und Ansätze zur Verwaltungsmodernisierung: Dokumentation einer Fortbildungsveranstaltung an der Deutschen Hochschule für Verwaltungswissenschaften in Speyer mit der Stadt Arnsberg. Raabe, Stuttgart et al. 1998, S. 11.

[58] *Institute for Information Economics* (Hrsg.): Monitoring Informationswirtschaft: 3. Trendbericht 2003 im Auftrag des Bundesministerium für Wirtschaft und Arbeit. Hattingen März 2003.

sonders dort erwünscht, wo regelmäßig und kurzfristig zentrale Informationen zur Weiterführung des Tagesgeschäftes benötigt werden. Vor allem sind dies Steuerangelegenheiten von Unternehmen, Informationen aus dem Handelsregister und Auskünfte aus dem Melderegister.

Als wichtige Forderung an die elektronischen Dienstleistungen von Seiten der Bürger und Unternehmen ist an nächster Stelle das kostengünstige Angebot von Internet-Services hervorzuheben.[59]

4.3 Verwaltung als Kunde

Die Verwaltung als E-Government-Kunde stellt vor allem die Forderung an Infrastruktur-Ausstattung und Vernetzung der Arbeitsplätze. Hoch ist ihrer Sicht nach auch der Bedarf an Schulung der Nutzer und technischer Unterstützung im Umgang mit Internet, um ein reibungsloses Arbeiten mit Informationstechnologien in den öffentlichen Verwaltungen zu gewährleisten.

Des Weiteren zeigt die von Accenture durchgeführte Befragung der Verwaltungsmitarbeiter eine sehr positive Bewertung der Mitarbeiter-Portale und ihre möglichen Leistungsangebote. Am größten ist der Bedarf an elektronischen Informationen zu aktuellen Projekten. Groß ist auch die Nachfrage nach umfassenden Wissensdatenbanken, deren Content die Projektarbeit erleichtern und beschleunigen könnte.

Hohen Zuspruch finden unter den Verwaltungsmitarbeiter auch häufig wiederkehrende Standardprozesse, die einen hohen persönlichen Nutzen haben und in elektronischer Form starke Erleichterung versprechen.[60]

Die Forderung nach Qualifizierungsmaßnahmen ist auch hier als besonders relevant hervorzuheben. Die rechzeitige Information und Einbeziehung von Mitarbeitern in E-Government und Modernisierungsprojekten sowie die Herstellung von Akzeptanz über entsprechende Awarness- und Sensibilisierungsmaßnahmen können dazu beitragen, die Abläufe zu „verschlanken" und effizienter zu gestalten.[61]

---

[59] *Accenture* (Hrsg.): Was-will-der-Buerger.de: Online Angebot und - Nachfrage im öffentlichen Sektor: Eine Bedarfsanalyse von Accenture in Zusammenarbeit mit der Bayerischen Staatskanzlei.

[60] *Accenture* (Hrsg.): Was-will-der-Buerger.de: Online Angebot und - Nachfrage im öffentlichen Sektor: Eine Bedarfsanalyse von Accenture in Zusammenarbeit mit der Bayerischen Staatskanzlei.

[61] *Institute for Information Economics* (Hrsg.): Monitoring Informationswirtschaft: 3. Trendbericht 2003 im Auftrag des Bundesministeriums für Wirtschaft und Arbeit. Hattingen März 2003.

Die größten Aufgaben der öffentlichen Verwaltung sind derzeit die Verbesserung der Erreichbarkeit und der Transparenz der Prozesse, sowohl für Bürger und Unternehmen als auch für die Kooperationspartner innerhalb der Verwaltung.[62] Mehr Kundennähe im Denken und Handeln sowie der systematische Ausbauen der Verwaltungsqualität bieten die Chance, eine Leistungsverbesserung zu erzielen und damit auch der teils massiven öffentlichen Kritik entgegenzuwirken.

5 Restriktionen bei der Dienstleistungsgestaltung

Die E-Government-Entwicklung in Deutschland wird durch verschiedene Barrieren behindert, verzögert, oder auch blockiert.[63] Viele der im Gliederungspunkt drei genannten Rahmenbedingungen werden zu Barrieren, weil sie nicht für ein Informationszeitalter gemacht worden sind.[64] Passen Politik und Verwaltung ihre Strukturen und Aufgaben nicht an diese Entwicklungen an, werden sie ihre Steuerungskraft weiter verlieren.

Derzeit hängt die Autorität der Politik und Verwaltung vor allem von vier zentrale Faktoren ab: Dies sind Gesetze und Verordnungen, finanzielle Mittel, Verwaltungsmitarbeiter sowie die Faktoren mentaler und kultureller Art.[65]

5.1 Gesetzliche Restriktionen

E-Government erfordert eine politische Auseinandersetzung und eine sich daran anschließende Überarbeitung von Gesetzen und Verordnungen in vielen Rechtsgebieten. Vor dem Hintergrund der Informationsgesellschaft sind etwa Fragen zur Rechtsgültigkeit von Handlungen im Internet, zum Datenschutz, zu Zugangsmöglichkeiten, zu elektronischen Signaturen oder zur Rechtsverbindlichkeit elektronischer Transaktionen rechtlich zu regeln. Anpassungen der Vorschriften an die neuen Rahmenbedingungen sollten zudem beim Verbraucher- und Jugendschutzrecht, beim Telekommunikationsrecht sowie bei Steuern und Zöllen erwogen werden. Überarbeitungen stehen im Zivil- und Straf-

---

[62] *Accenture*: Was-will-der-Buerger.de: Online Angebot und - Nachfrage im öffentlichen Sektor: Eine Bedarfsanalyse von Accenture in Zusammenarbeit mit der Bayerischen Staatskanzlei.

[63] *Von Lucke, J.*: Regieren und Verwalten im Informationszeitalter. Band 156, Duncker & Humblot, Berlin 2003, S. 173.

[64] *Accenture* (Hrsg.): Was-will-der-Buerger.de: Online Angebot und - Nachfrage im öffentlichen Sektor: Eine Bedarfsanalyse von Accenture in Zusammenarbeit mit der Bayerischen Staatskanzlei.

[65] *Von Lucke, J.*: Regieren und Verwalten im Informationszeitalter. Band 156, Duncker & Humblot, Berlin 2003, S. 173.

recht, im Arbeits- und Sozialrecht, sowie im Verwaltungs-, Beamten und Haushaltsrecht. Die Einführung elektronischer Verwaltungsdienste setzt Änderungen in Verordnungen und Rechtsgrundlagen der anbietenden Behörden voraus. Aus diesen Gründen wird die Anpassung der rechtlichen Rahmenbedingungen Zeit brauchen.

Der Datenschutz erweist sich durch seine Komplexität und die hohe Regelungsdichte als weiteres Hemmnis für E-Government. Die bestehenden Datenschutzgesetze des Bundes und der Länder müssen mit Blick auf die Möglichkeiten moderner IKT überarbeitet werden. Regelungen müssen gefunden werden, die einen Schutz der informationellen auch in einer vernetzten und in alle Landesbereiche hineinragenden Verarbeitung personenbezogener Daten gewährleisten. Gerade für eine weite Verbreitung von E-Government sind Datenschutz- und Datensicherheitsmaßnahmen unerlässlich. Nur mit ihrer Hilfe kann Vertrauen in elektronische Verwaltungsangebote aufgebaut werden, auf dem sich die erforderliche Akzeptanz begründet.[66]

5.2 Budgetrestriktionen

Obwohl mittel- bis langfristig erhebliche Einsparungen durch E-Government erzielt werden könnten, müssen zunächst hohe Investitionsausgaben (für Beratung, Hardware, Software, Anpassung, Personal, Migration, Schulung und Marketing) getätigt werden.[67]

Ein Beispiel für aufwendige Technologie, die E-Government erforderlich macht, ist die elektronische Signatur. Während ein per Hand ausgefüllter Papierantrag schnell unterschrieben ist, erfordert das qualifizierte elektronische Signieren Equipment wie Signaturkarte, Kartenlesergerät, und spezifische Software, was auf Behördenseite Kosten für Anschaffung und Betrieb der erforderlichen Systeme bedeutet.[68]

Es fällt dem Bund, den Ländern, wie den Kommunen aber außerordentlich schwer, aufgrund der geringen Spielräume öffentlicher Haushalte finanzielle Mittel bereitzustellen. Eine Finanzierung privater Akteure allein wird, auch mit Blick auf die notwendige Investitionssumme, nicht ausreichen. Innovative und

---

[66] Vgl. *Von Lucke, J.*: Regieren und Verwalten im Informationszeitalter. Band 156, Duncker & Humblot, Berlin 2003, S. 174-178.

[67] *Von Lucke, J.*: Regieren und Verwalten im Informationszeitalter. Band 156, Duncker & Humblot, Berlin 2003, S. 181.

[68] *Bundesministerium des Innern* (Hrsg.): BundOnline 2005 : Abschlussbericht - Status Quo und Ausblick. Berlin 2006.
http://www.kbst.bund.de/cln_006/nn_836192/Content/Egov/Initiativen/BoI/, Abruf am 2006-11-06.

flexible Finanzierungskonzepte können somit eine Schlüsselrolle spielen, besonders wenn durch gezielte Investitionen ungleich größere Einsparpotentiale zu erschließen sind. Hilfreich bei der oft knappen Kassenlage der Verwaltung sind vor allem Subventionen und Zuschüsse, die zielgerichtet eingesetzt werden können.[69]

Der öffentliche Sektor leidet hier wie in nahezu allen westlichen Industrieländern an chronischer Finanzknappheit. Aufgrund dessen kann die Ausgangssituation der öffentlichen Verwaltung, die sozusagen „in die Modernisierung treibt" als ein Finanz-/Leistungsdilemma beschrieben werden: Sie sieht sich zum einen immer mehr und immer komplexeren Aufgaben, Anforderungen und Erwartungen gegenüber, gleichzeitig werden die finanziellen Spielräumen immer enger.[70]

5.3 Personalrestriktionen

Über den finanziellen Aufwand hinaus ist für Staat und Verwaltung mit E-Government auch ein hoher personeller Aufwand verbunden. Einerseits werden für Konzeption, Implementierung und Betreuung entsprechender Systeme ausgebildete IT-Spezialisten benötigt. Andererseits müssen die Beschäftigten des öffentlichen Dienstes den Umgang mit diesen neuen E-Government – Systemen erlernen und beherrschen. Geringe Fortbildungsmittel, mangelnden Aufstiegsperspektiven, eine vergleichsweise deutlich niedrigere Vergütung und die Abkopplung von der Gehälterentwicklung im Vergleich zur freien Wirtschaft schrecken hochqualifizierte Berufsanfänger wie Seiteneinsteiger vom öffentlichen Dienst ab.[71]

Es geht also zum einen um die gezielte Ausbildung der Mitarbeiter und zum anderen um die Schaffung von Voraussetzungen innerhalb der Organisation, welche das Entstehen von neuem Wissen fördern.[72] Die Qualifizierung der Mitarbeiter der Verwaltung muss den aktuellen Entwicklungen angepasst werden. Maßnahmen zur Steigerung der Motivation und Akzeptanz müssen ergrif-

---

[69] Vgl. *Von Lucke, J.*: Regieren und Verwalten im Informationszeitalter. Band 156, Duncker & Humblot, Berlin 2003, S. 181.

[70] *Hill, H.; Klages, H.* (Hrsg.): Aktuelle Tendenzen und Ansätze zur Verwaltungsmodernisierung: Dokumentation einer Fortbildungsveranstaltung an der Deutschen Hochschule für Verwaltungswissenschaften in Speyer mit der Stadt Arnsberg. Raabe, Stuttgart et al. 1998, S. 9-11.

[71] Vgl. *Von Lucke, J.*: Regieren und Verwalten im Informationszeitalter. Band 156, Duncker & Humblot, Berlin 2003, S. 182.

[72] *Schmidt, B.*: e-Government und Servicequalität: Analyse zur Perspektive von IT-Anbietern und Verwaltungsführung. Diss., St. Gallen 2003, S. 33.

fen und Schulungsprogramme ausgebaut werden. Der Einbezug der betroffenen Beschäftigten muss von Beginn an stattfinden, u. U. ist eine Neuordnung der Personalstruktur vorzunehmen.[73]
Es gilt somit in der Verwaltung jene zahlreichen Restriktionen zu beachten, die im Blick auf eine Verbesserung der Personalsituation als Basis einer professionellen Marketing-Orientierung bestehen (z.b. Tarifordnungen, Arbeitsplatzausstattung, Negativimage der öffentlichen Betriebe). So ist es bspw. öffentlicher Verwaltungen nur sehr bedingt möglich, einem hoch motivierten und leistungsstarken Managementnachwuchs mit der Privatwirtschaft vergleichbare, gerade auch finanziell attraktive Karrierechancen zu eröffnen. Entscheidend ist dabei freilich die Frage, wie die jeweilige Organisationsstruktur und die spezifischen Arbeitsbedingungen von den verschiedenen Mitarbeitgruppen wahrgenommen und im Lichte ihrer Bedürfnisse, Erwartungen und Forderungen beurteilt werden.[74]

5.4 Mentale und kulturelle Restriktionen

Bedenken gegenüber E-Government-Anwendungen lassen sich unter anderem auf eine risikovermeindende Grundeinstellung vieler Leute zurückführen. Menschen verharren lieber in bestehenden und vertrauten Strukturen, die ihnen Sicherheit geben. Erst nach genauer Kenntnis der Möglichkeiten und der damit verbundenen Risiken, zum Teil erworben aus persönlichen Erfahrungen, kann eine neue Technologie Akzeptanz gewinnen.

Widerstände ergeben sich in diesem Zusammenhang besonders dort, wo Anforderungen aus Nutzersicht wie Anonymität, Datenschutz, Bedienbarkeit, Mehrwert, niedrige Kosten oder Sicherheit noch nicht ausreichend erfüllt werden. Die Menschen machen sich Sorgen um eine verstärkte Enthumanisierung des Arbeitslebens durch Freisetzung, Entfremdung und Leistungskontrolle sowie um eine Verletzung ihrer Persönlichkeitsrechte durch die Preisgabe persönlicher Daten.

Informations- und Qualifizierungskampagnen können hier helfen, Widerstände zu überwinden. Programme zur Förderung der Medienkompetenz in der Bevölkerung sollen daher helfen, den Umgang mit modernen Informations- und Kommunikationstechnologien sowie Internettechnologien zu erlernen und diesbzgl. Vorurteile zu überwinden.

---

[73] *Kaczorowski, W.; König, R.; Meyer, R.; Wensauer, D.:* eGovernment in den Bundesländern: Sachstand und Perspektiven. Friedrich Ebert Stiftung, Bonn 2003.
[74] *Raffée, H.; Fritz, W.; Wiedmann, P.:* Marketing für öffentliche Betriebe. Kohlhammer, Stuttgart et al. 1994, S. 60-61.

Neben mangelhaften IT-Kenntnissen wirken zusätzlich sozialen Misslagen (etwa Geldmangel, Arbeitslosigkeit, oder Kriminalität) dahingehend, dass moderne Rechner für Teile der Bevölkerung nicht finanzierbar sind. Öffentliche Kiosksysteme und Zugangszentren können dabei helfen, sozialschwachen Gruppen einen entgeltfreien Zugang zu elektronischen Verwaltungsdiensten zu offerieren.[75]

Die Nutzenanreize spielen in diesem Sinne eine wichtige Rolle, um unter Bürgern und Unternehmen rasch eine Nachfrage und damit die notwendige kritische Masse an Nutzern zu gewinnen. In diesem Sinne könnte auf die Konzeption und Instrumente eines Nonprofit-Marketings zurückgegriffen werden, um die elektronischen Angebote kundenorientiert zu gestalten und bereitzustellen. Dabei soll insbesondere auf Fragen der Bürger zu Sicherheit, Qualität und Nutzen sukzessiv eingegangen werden.[76]

6 Qualitätsdimensionen bei der Entwicklung von E-Government-Dienstleistungen

Wie in den Grundlagen dieser Arbeit bereits angedeutet, basiert das kundenorientierte Konzept der Dienstleistungsqualität auf der Subjekt-Objekt-Beziehung und knüpft an der Qualitätswahrnehmung an. Orientierungspunkt sind damit die Bedürfnisse der Kunden.[77]

Die Spezifikation von Dienstleistungsqualität im öffentlichen Bereich unterscheidet sich wesentlich von dieser im privaten Sektor. Die Evaluation der Kundenbedürfnisse in der Privatwirtschaft erfolgt über Marktforschung, Befragungen von Kunden und Mitarbeitern, Beobachtung der Konkurrenz oder Beschwerdenanalyse.[78] Das große Nutzenpotenzial von Marktforschungen und Kundenbefragungen im öffentlichen Sektor dagegen wird noch längst nicht ausreichend genutzt. Dieses Nutzenpotenzial könnte allerdings die im Zuge der Verwaltungsmodernisierung angestrebte Intensivierung der Bürger- und Kundenorientierung mit dem Ziel einer Qualitätssteigerung ermöglichen.[79]

---

[75] Vgl. *Von Lucke, J.*: Regieren und Verwalten im Informationszeitalter. Band 156, Duncker & Humblot, Berlin 2003, S. 184-186.

[76] Vgl. *Von Lucke, J.*: Regieren und Verwalten im Informationszeitalter. Band 156, Duncker & Humblot, Berlin 2003, S. 192.

[77] Vgl. *Corsten, H.*: Der Integrationsgrad als Gestaltungsparameter der Dienstleistungsproduktion. Nr. 19 Juni 1998, S. 15.

[78] *Schwiering, K.*: Electronic Government: Ein Konzept zur innovativen Neugestaltung öffentlicher Aufgabenwahrnehmung. Lit Verl., Münster 2005, S. 91.

[79] Vgl. *Hill, H.; Klages, H.* (Hrsg.): Aktuelle Tendenzen und Ansätze zur Verwaltungsmodernisierung: Dokumentation einer Fortbildungsveranstaltung an der Deutschen Hochschule

Im öffentlichen Bereich definiert der politische Willensbildungsprozess Kundenbedürfnisse in Bedarfsgesetzen, Budgetzuweisungen oder Vorschriften. Der Gestaltungsspielraum für Spezifikationen wird dadurch eingeschränkt, dass zum einen Gesetzesvollzug vorausgesetzt wird. Zum anderen können durch eine begrenzte Verfügbarkeit der Ressourcen nicht alle Bedürfnisse in Spezifikationen umgesetzt werden.

Um die qualitätsrelevanten Faktoren zu identifizieren, bietet sich das in den Grundlagen vorgestellte Modell der Dienstleistungsqualität an, angewendet für Verwaltungsdienstleistungen. Die Ausprägungen der drei Dimensionen, Potenzial, Prozess und Ergebnis, geben das jeweilige Maß der Bürger- bzw. Kundenorientierung an (siehe Abbildung 2 im Anhang).[80]

6.1 Potenzialqualität

Die Potenzialqualität knüpft einerseits an der Vorkombination an, d.h. an den durch den Anbieter in den Prozess eingebrachten Potentialfaktoren, und andererseits an der Endkombination, in die das Potential des externen Faktors einfließt und zwar bedingt durch Integration und Interaktivität. Damit zeigt sich, dass das Potential des Nachfragers und die damit verbundene Indeterminiertheit unmittelbar Einfluss auf die Qualität einer Dienstleistung haben, wobei die persönliche Wahrnehmung im Rahmen der Qualitätsbeurteilung von zentraler Bedeutung ist.[81]

Die Bewertung der Potenzialqualität erfolgt primär anhand des tangiblen Umfelds und des Personals. Potentialfaktoren, die die Qualitätswahrnehmung positiv beeinflussen, sind bspw. die Breite des Angebots, die Sauberkeit der Räumlichkeiten des Dienstleisters, aber insbesondere die Fach- und Sozialkompetenz der Mitarbeiter.

Es gilt also durch gezielte Maßnahmen der Aus- und Weiterbildung ist die Fach- und Sozialkompetenz der Mitarbeiter so zu verbessern, dass eine anforderungsgerechte Leistungserstellung gewährleistet wird, im Hinblick auf einer verstärkten Kundenorientierung.[82]

---

für Verwaltungswissenschaften in Speyer mit der Stadt Arnsberg. Raabe, Stuttgart et al. 1998, S. 35.

[80] Vgl. *Schwiering, K.*: Electronic Government: Ein Konzept zur innovativen Neugestaltung öffentlicher Aufgabenwahrnehmung. Lit Verl., Münster 2005, S. 91-95.

[81] *Corsten, H.*: Der Integrationsgrad als Gestaltungsparameter der Dienstleistungsproduktion. Nr. 19 Juni 1998, S. 15.

[82] *Bruhn, M.*: Markteinführung von Dienstleistungen - Vom Prototyp zum marktfähigen Produkt. In: *Bullinger, H.-J.; Scheer, A.-W.* (Hrsg.): Service Engineering: Entwicklung und Gestaltung innovativer Dienstleistungen. 2. Aufl., Springer, Berlin et al. 2006, S. 234.

In diesem Sinne wird die Erhöhung der Qualität exemplarisch unter dem Aspekt einer Verbesserung von Kundennähe verstanden. Die Nähe zwischen den Interaktionspartner und den öffentlichen Verwaltungen kann durch die Dimensionen der geografischen, räumlichen, zeitlichen und emotionalen Nähe gemessen werden. Die zeitliche Nähe bezeichnet dabei den Grad an Dienstbereitschaft und Reaktionsschnelligkeit und die emotionale – die psychologische Übereinstimmung zwischen den Erwartungen, Sprach-, Denk- und Handlungswelten des Kunden und den Handlungen der öffentlichen Verwaltungen.[83]

Der Grad an Nähe lässt sich am konkretesten auf der Mikroebene einzelner Interaktionen festmachen bspw. bei einem Behördenbesuch. Der Verlauf dieser Interaktionen, das Verhalten des Verwaltungsmitarbeiters, die Atmosphäre, die Auffindbarkeit und Gestaltung des Verwaltungsgebäudes, was der Kunde dabei erlebt und was er dabei empfindet, entscheidet über die Bewertung von „Nähe" und „Ferne". Die Bewertung erfolgt nach subjektiven Maßstäben, was die Festlegung von Qualitätsstandards, die Sicherung und das Management von Qualität noch erschwert.[84]

Die Leistungsdilemmata der öffentlichen Verwaltung spiegeln sich auch im „Image" der Verwaltung in der Öffentlichkeit.[85] Der Aufbau eines positiven Images bei der Schaffung von Vertrauen steht im Mittelpunkt, wobei das Image selbst als ein (intangibler) Potenzialfaktor interpretiert werden kann.[86]

6.2 Prozessqualität

In den Interaktionsprozess, der maßgeblich für die Prozessqualität ist, fließen die Potenzialqualität des Leistungsgebers und des Leistungsnehmers ein. Der Dienstleistungsanbieter kann die Qualität nicht mehr autonom realisieren, sondern der Nachfrager wirkt auf die Qualität mit seinen Fähigkeiten und seiner Bereitschaft ein. Der Integrationsgrad wird hierdurch unmittelbar beeinflusst. Tendenziell wird vermutet, dass der Prozessqualität insbesondere bei perso-

---

[83] Vgl. *Klaus, P.*: Bürgernähe als logistisches Problem. In: *Bräunig, D.; Greiling, D.* (Hrsg.): Stand und Perspektiven der Öffentlichen Betriebswirtschaftslehre, Berlin 1999, S. 410.

[84] Vgl. *Schwiering, K.*: Electronic Government: Ein Konzept zur innovativen Neugestaltung öffentlicher Aufgabenwahrnehmung. Lit Verl., Münster 2005, S. 94.

[85] Vgl. *Hill, H.; Klages, H.* (Hrsg.): Aktuelle Tendenzen und Ansätze zur Verwaltungsmodernisierung: Dokumentation einer Fortbildungsveranstaltung an der Deutschen Hochschule für Verwaltungswissenschaften in Speyer mit der Stadt Arnsberg. Raabe, Stuttgart et al. 1998, S. 35.

[86] Vgl. *Bruhn, M.*: Markteinführung von Dienstleistungen – Vom Prototyp zum marktfähigen Produkt. In: *Bullinger, H.-J.; Scheer, A.-W.* (Hrsg.): Service Engineering: Entwicklung und Gestaltung innovativer Dienstleistungen. 2. Aufl., Springer, Berlin et al. 2006, S. 235.

nenbezogenen Dienstleistungen, eine höhere Bedeutung zukommt als der Ergebnisqualität.[87]

Eine Verbesserung der Prozessqualität ist z.b. durch eine Beschleunigung der Prozessabläufe, Veränderungen der Prozessumfänge sowie eine generelle Anpassung der Prozesse an kundenseitige Anforderungen erreichbar.[88]

Die Qualität von Strukturen und Prozessen lässt sich durch den Einsatz von E-Government verbessern und nachfragerorientierter gestalten. Kriterien zur Beurteilung der Prozessqualität in der Verwaltung stellen die Verwaltungsaktivitäten und ihre Schnelligkeit und Flexibilität im Bezug auf den Zugang zum Verwaltungsangebot dar. Der Zeitpunkt der Leistungserstellung und -abgabe ist mit der Online-Verfügbarkeit nicht mehr nur an Öffnungszeiten und der persönlichen Präsenz von Abnehmern und Leistungserstellern gebunden, sondern lässt sich bedarfsorientiert durch E-Government bestimmen. Somit werden der Zeitpunkt und der Ort der Leistungserstellung und Leistungsabgabe flexibilisiert. Erhebliche Qualitätsverbesserungen ergeben sich auch durch neu eröffnete Möglichkeiten zum One-Stop-Government.[89]

Eine Dezentralisierung von Datenerfassung und Datenabfrage über Vernetzung, Datenbanken usw. lassen Standortfragen eine untergeordnete Rolle spielen. Organisationsgrenzen verschieben sich durch veränderte Aufgabenstellungen oder durch vernetzte Organisationsstrukturen wie z.B. virtuelle Organisationen oder Public Private Partnerships.[90]

Die Strukturqualität der Interaktionspartner erhöht sich, wenn diese ihr „Verwaltungswissens" verbessern können, indem sie ein Informationssystem nutzen können, dass die Transparenz des öffentlichen Leistungsangebotes deutlich erhöht. Mit einem informierten Kunden, der seine Rechte und Pflichten genau kennt, ist eine schnellere und reibungslose Abwicklung von Verwaltungsverfahren möglich. Dies hat wiederum positive Rückwirkungen auf die Prozessqualität.[91]

---

[87] *Corsten, H.*: Der Integrationsgrad als Gestaltungsparameter der Dienstleistungsproduktion. Nr.19 Juni 1998, S. 15-17.

[88] *Bruhn, M.*: Markteinführung von Dienstleistungen - Vom Prototyp zum marktfähigen Produkt. In: *Bullinger, H.-J.; Scheer, A.-W.* (Hrsg.): Service Engineering: Entwicklung und Gestaltung innovativer Dienstleistungen. 2. Aufl., Springer, Berlin et al. 2006, S. 235.

[89] Vgl. *Schwiering, K.*: Electronic Government: Ein Konzept zur innovativen Neugestaltung öffentlicher Aufgabenwahrnehmung. Lit Verl., Münster 2005, S. 96.

[90] Vgl. *Schwiering, K.*: Electronic Government: Ein Konzept zur innovativen Neugestaltung öffentlicher Aufgabenwahrnehmung. Lit Verl., Münster 2005, S. 78.

[91] *Schwiering, K.*: Electronic Government: Ein Konzept zur innovativen Neugestaltung öffentlicher Aufgabenwahrnehmung. Lit Verl., Münster 2005, S. 96.

Ein verstärktes Eingehen auf Bürgerwünsche lohnt sich auch für die Verwaltung. Mit der Verwaltungsqualität und Servicequalität lässt sich häufig die Verwaltungsproduktivität steigern, wenn traditionelle Strukturen hinterfragt und neu an den Bedürfnissen der Kunden ausgerichtet werden. Die echte Bereitschaft, bisherige Strukturen mit allen Konsequenzen in Frage zu stellen, ist jedoch in der Praxis unterentwickelt, da sie zumeist nicht auf der Einsicht der in der Organisation Tätigen beruht, sondern diesen von außen aufgezwungen wird.[92]

Erschwert wird die Durchsetzung von Veränderungen zusätzlich durch unklare und unscharfe Bedeutung von Kundenorientierung und Servicequalität. Wichtig ist es daher, auf allen Ebenen der Verwaltung ein gemeinsames Verständnis zu erzeugen und Ziele zu entwickeln, die von der Organisation getragen werden entlang der jeweiligen Bürgerbedürfnisse angepasst werden können.[93]

Die Prozessqualität lässt sich ferner durch eine Aufhebung des Uno-Actu-Prinzips von Leistungserstellung und -abgabe steigern. Dadurch wird die Trennung von Front- und Back-Officeprozessen ermöglicht und damit eine qualitätssteigernde Flexibilisierung erreicht. Die Vermeidung der mehrfachen Eingabe gleicher Daten reduziert das Risiko von Erfassungsfehlern, durch die elektronische Abwicklung werden auch Transportverzögerungen vermieden.[94]

6.3 Ergebnisqualität

Unter Ergebnisqualität wird hingegen der Grad der Erreichung der antizipierten Leistungsziele verstanden. Sie ist damit nach Abschluss des Leistungserstellungsprozesses bewertbar und zeigt Rückkoppelungen während des Leistungserstellungsprozesses (z.B. durch korrigierendes Eingreifen des Nachfragers); und nach Abschluss des Leistungserstellungsprozesses (z.B. über Beschwerden).

Die Überlegungen zeigen, dass die drei skizzierten Qualitätsdimensionen keinen phasenmäßigen Ablauf aufweisen, sondern dass sie sich überlagern und gegenseitig beeinflussen, wodurch eine Erfassung dieser Dimensionen zusätzlich erschwert wird. Diese Überlagerungen der einzelnen Qualitätsdimensionen

---

[92] *Bogumil, J.; Kißler, L.*: Vom Untertan zum Kunden? Möglichkeiten und Grenzen von Kundenorientierung in der Kommunalverwaltung. Band 8, Ed. Sigma, Berlin 1995, S. 30.
[93] *Schmidt, B.*: e-Government und Servicequalität: Analyse zur Perspektive von IT-Anbietern und Verwaltungsführung. Diss., St. Gallen 2003, S. 63.
[94] *Schwiering, K.*: Electronic Government: Ein Konzept zur innovativen Neugestaltung öffentlicher Aufgabenwahrnehmung. Lit Verl., Münster 2005, S. 97.

erschweren darüber hinaus die Beurteilung der Bedeutung der einzelnen Dimensionen im Rahmen des Gesamtbeurteilungsprozesses.[95]
Qualität bezieht sich auf die Eigenschaft einer Leistung, die in sie gesetzten Erwartungen zu erfüllen. Auf das Ergebnis einer Dienstleistung bezogen hat das Ergebnis der Dienstleistungserstellung den Erwartungen des Nachfragers gerecht zu werden.[96] Für die Realisierung von Ergebnisinnovationen, die ein Qualitätssteigerungspotential in sich bergen, ist eine Potenzial- und/oder Prozessinnovation eine notwendige Voraussetzung.[97]
Es lässt sich feststellen, dass sich die mit dem Einsatz von E-Government verbundener Prozessvereinfachung und -beschleunigung positiv auf die Ergebnisqualität auswirkt. Insgesamt lassen sich die raum-zeitlichen und informatorischen Zutrittsbarrieren senken und die Legitimität von Verwaltungen erhöhen. Die Ergebnisqualität erhöht sich folglich aufgrund einer gestiegenen Zufriedenheit bei den Interaktionspartnern und Beschäftigten.[98]
Kunden öffentlicher Verwaltung sind in die Gestaltung von externen E-Government-Anwendungen und zugehörige Maßnahmen zur Verbesserung der Servicequalität (z.B. Schulungen, Anreizsystem, Qualitätsstandards) einzubinden. Diese Maßnahmen sind zu forcieren, besonders die Restrukturierung von Prozessen als Grundlage für die Einführung von E-Government voranzutreiben.[99] Inwieweit die Qualitätssteigerungspotenziale tatsächlich ausgeschöpft werden und sich die Qualitätswirkungen entfalten können, wird dabei stark von der jeweiligen Ausgestaltung von E-Government abhängen. Erforderlich dafür ist die Identifikation von kritischen Prozessen, die die Wünsche und Erwartungen von Interaktionspartnern bestmöglich erfüllen.[100]

---

[95] Corsten, H.: Der Integrationsgrad als Gestaltungsparameter der Dienstleistungsproduktion. Nr. 19, Juni 1998, S.16-17.
[96] Bruhn, M.: Markteinführung von Dienstleistungen – Vom Prototyp zum marktfähigen Produkt. In: Bullinger, H.-J.; Scheer, A.-W. (Hrsg.): Service Engineering - Entwicklung und Gestaltung innovativer Dienstleistungen. 2. Aufl., Springer, Berlin et al. 2006, S. 236.
[97] Vgl. Benkenstein, M.; Steiner, S.: Formen von Dienstleistungsinnovationen. In: Bruhn, M.; Stauss, B. (Hrsg): Forum Dienstleistungsmanagement - Dienstleistungsinnovationen, Wiesbaden 2004, S. 26-43.
[98] Schwiering, K.: Electronic Government: Ein Konzept zur innovativen Neugestaltung öffentlicher Aufgabenwahrnehmung. Lit Verl., Münster, 2005, S. 96-97.
[99] Schmidt, B.: e-Government und Servicequalität: Analyse zur Perspektive von IT-Anbietern und Verwaltungsführung. Diss., St. Gallen 2003, S. 292-293.
[100] Schwiering, K.: Electronic Government: Ein Konzept zur innovativen Neugestaltung öffentlicher Aufgabenwahrnehmung. Lit Verl., Münster 2005, S. 97.

7 Zusammenfassung

Die vorliegende Arbeit stellt einen Versuch dar, zukünftige Potentiale einer Verwaltungsorganisation aufzuzeigen, die sich an dem Primat der Kundenorientierung, der durchgängigen IuK-Unterstützung von Verwaltungsdienstleistungen und einer sukzessiven Verbesserung der Dienstleistungsqualität orientiert.[101]

Bürgerinnen und Bürger erwarten ebenso wie die Wirtschaft eine leistungsstarke und kostengünstige öffentliche Verwaltung. An die Dienstleistungen der Behörden werden ähnliche Anforderungen wie an private Dienstleister gestellt: komfortable, schnelle und unbürokratische Abläufe. E-Government, das Engagement von Staat und Verwaltung im Internet, ist die Basis dafür.[102]

Als allgemeines Ziel von Verwaltungshandeln kann die Ausrichtung der Verwaltungsdienstleistungen auf die Bedürfnisse der Kunden unter Berücksichtigung konstitutiver Merkmale öffentlichen Verwaltens wie der Rechts- und Sozialstaatlichkeit formuliert werden.[103] Wichtig ist es daher, auf allen Ebenen der Verwaltung ein gemeinsames Verständnis zu erzeugen und Ziele zu entwickeln, die von der Organisation getragen werden und entlang der jeweiligen Bürgerbedürfnisse angepasst werden können.[104]

E-Government stellt die Behörden deshalb vor eine neue Herausforderung, die durch die Steigerung der Servicequalität, Bürgerorientierung und konsequenter Prozessoptimierung geleistet werden kann.

---

[101] Vgl. *Breitling, M.*: Rahmenkonzept für die Entwicklung, Beschreibung und Gestaltung öffentlicher Dienstleistungen. In: 4. Internationale Tagung Wirtschaftsinformatik: WI'99-Doktorandenseminar. http://wi99.iwi.uni-sb.de/, Abruf am 2006-11-09.

[102] *BMWA; BMBF* (Hrsg.): Informationsgesellschaft Deutschland 2006. http://www.bmbf.de/pub/aktionsprogramm_informationsgesellschaft_2006.pdf, Abruf am 2006-11-16.

[103] *Bogumil, J.; Kißler, L.*: Vom Untertan zum Kunden? Möglichkeiten und Grenzen von Kundenorientierung in der Kommunalverwaltung. Band 8, Ed. Sigma, Berlin 1995, S. 30.

[104] *Schmidt, B.*: e-Government und Servicequalität: Analyse zur Perspektive von IT-Anbietern und Verwaltungsführung. Diss. St. Gallen 2003, S. 63.

Anhang

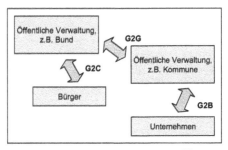

Abb. 1: Dimensionen des E-Government[105]

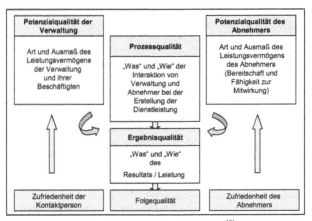

Abb. 2: Modell der Dienstleistungsqualität[106]

---

[105] *Deutsche Bank Research* (Hrsg.): Economics: E-Government in Deutschland: Viel erreicht - noch viel zu tun! Nr. 51 22. April 2005.

[106] *Schwiering, K.*: Qualitätsprobleme im öffentlichen Sektor. In: Public Management: Diskussionsbeiträge. Nr. 36, Universität, Hamburg 1999, S. 85.

Literaturverzeichnis

Accenture (Hrsg.): Was-will-der-Buerger.de: Online Angebot und –Nachfrage im öffentlichen Sektor: Eine Bedarfsanalyse von Accenture in Zusammenarbeit mit der Bayerischen Staatskanzlei – Nur für geschlossene Benutzergruppe zugänglich.

Becker, J. (Hrsg.): Identifikation von Best Practices durch Geschäftsprozessmodellierung in öffentlichen Verwaltungen. In: *Strahringer, S.* (Hrsg.): Business Engineering. Dpunkt 2005, S. 86.

Benkenstein, M.; Steiner, S.: Formen von Dienstleistungsinnovationen. In: *Bruhn, M.; Stauss, B.* (Hrsg.): Forum Dienstleistungsmanagement – Dienstleistungsinnovationen. Wiesbaden 2004, S. 26-43.

Biberstein, I.: Dienstleistungsmarketing. 4. Aufl., Kiehl, Ludwigshafen 2006.

Bodendorf, F.: Wirtschaftsinformatik im Dienstleistungsbereich. Springer, Belin et al. 1999.

Bogumil, J.; Kißler, L.: Vom Untertan zum Kunden? Möglichkeiten und Grenzen von Kundenorientierung in der Kommunalverwaltung. Ed. Sigma, Berlin 1995.

Breitling, M.: Rahmenkonzept für die Entwicklung, Beschreibung und Gestaltung öffentlicher Dienstleistungen. In: 4. Internationale Tagung Wirtschaftsinformatik: WI'99-Doktorandenseminar. http://wi99.iwi.uni-sb.de/, Abruf am 2006-11-09.

Bruhn, M.: Handbuch Dienstleistungsmanagement: Von der strategischen Konzeption zur praktischen Umsetzung. 2. Aufl., Gabler, Wiesbaden 2001, S. 25-36.

Bruhn, M.: Markteinführung von Dienstleistungen - Vom Prototyp zum marktfähigen Produkt. In: *Bullinger, H.-J.; Scheer, A.-W.* (Hrsg.): Service Engineering: Entwicklung und Gestaltung innovativer Dienstleistungen. 2. Aufl., Springer, Berlin et al. 2006, S. 234-236.

Bullinger, H.-J.; Scheer, A.-W. (Hrsg.): Service Engineering - Entwicklung und Gestaltung innovativer Dienstleistungen. 2. Aufl., Springer, Berlin et al. 2006, S. 4.

Bundesministerium des Innern (Hrsg.): BundOnline 2005 : Abschlussbericht -
Status Quo und Ausblick. Berlin 2006.
http://www.kbst.bund.de/cln_006/nn_836192/Content/Egov/Initiativen/BoI/,
Abruf am 2006-11-06.

*Bundesministerium für Wirtschaft und Arbeit; Bundesministerium für Bildung
und Forschung* (Hrsg.): Informationsgesellschaft Deutschland 2006. Aktions-
programm der Bundesregierung.
http://www.bmbf.de/pub/aktionsprogramm_informationsgesellschaft_2006.pdf,
Abruf am 2006-11-16.

Burr, W.: Service Engineering bei technischen Dienstleistungen: Eine ökonomische Analyse der Modularisierung, Leistungstiefengestaltung und Systembündelung. Dt. Universitätsverlag 2002.

Corsten, H.: Der Integrationsgrad als Gestaltungsparameter der Dienstleistungsproduktion. Juni 1998.

Corsten, H.; Gössinger, R.: Gestaltungsdimensionen von Dienstleistungen.
Heft 56 Juni 2003.

Deutsche Bank Research (Hrsg.): Economics: E-Government in Deutschland:
Viel erreicht - noch viel zu tun! Nr. 51 22. April 2005- Nur für geschlossene
Benutzergruppe zugänglich.

Eichhorn, P.: Öffentliche Betriebswirtschaftslehre: Beiträge zur BWL der öffentlichen Verwaltungen und öffentlichen Unternehmen. Berlin Verlag, Berlin
1997.

Eichhorn, P.: Öffentliche Dienstleistungen: Reader über Funktionen, Institutionen und Konzeptionen. Nomos, Baden-Baden 2001.

Fähnrich, K.-P.; Opitz, M.: Service Engineering - Entwicklungspfad und Bild
einer jungen Disziplin. In: *Bullinger, H.-J.; Scheer, A.-W.* (Hrsg.): Service Engineering: Entwicklung und Gestaltung innovativer Dienstleistungen. 2. Aufl.,
Springer, Berlin et al. 2006, S. 93.

Haller, S.: Dienstleistungsmanagement: Grundlagen-Konzepte-Instrumente. 3.
Aufl., Gabler, Wiesbaden 2005.

Herwig, V.: E-Government: Distribution von Leistungen öffentlicher Institutionen über das Internet. Eul, Köln 2001.

Hill, H.; Klages, H. (Hrsg.): Aktuelle Tendenzen und Ansätze zur Verwaltungsmodernisierung: Dokumentation einer Fortbildungsveranstaltung an der Deutschen Hochschule für Verwaltungswissenschaften in Speyer mit der Stadt Arnsberg. Raabe, Stuttgart et al. 1998.

Institute for Information Economics (Hrsg.): Monitoring Informationswirtschaft: 3. Trendbericht 2003 im Auftrag des Bundesministerium für Wirtschaft und Arbeit. Hattingen März 2003 - Nur für geschlossene Benutzergruppe zugänglich.

Kaczorowski, W.; König, R.; Meyer, R.; Wensauer, D.: eGovernment in den Bundesländern: Sachstand und Perspektiven. Friedrich Ebert Stiftung, Bonn 2003 - Nur für geschlossene Benutzergruppe zugänglich.

Klaus, P.: Bürgernähe als logistisches Problem. In: *Bräunig, D.; Greiling, D.* (Hrsg.): Stand und Perspektiven der Öffentlichen Betriebswirtschaftslehre. Berlin 1999, S. 110.

Kotler, P.: Marketing für Non-Profit-Organisationen. Poeschel, Stuttgart 1978.

Manefeld, P.: IT in der öffentlichen Verwaltung „E-Government": Lösungen für digitale Rathäuser. *Hewlett Packard GmbH* (Hrsg.). In: D2: Mit Internet Staat machen: E-Government und die Zukunft der Demokratie - Nur für geschlossene Benutzergruppe zugänglich.

Meffert, H.; Bruhn, M.: Dienstleistungsmarketing: Grundlagen- Konzepte- Methoden. 5. Aufl., Gabler, Wiesbaden 2006.

Raffée, H.; Fritz, W.; Wiedmann, P.: Marketing für öffentliche Betriebe. Kohlhammer, Stuttgart et al. 1994.

Rolles, R.: Content Management in der öffentlichen Verwaltung. Diss., Eul, Köln 2004.

Scheer, A.-W.; Grieble, O.; Klein, R.: Modelbasiertes Dienstleistungsmanagement. In: *Bullinger, H.-J.; Scheer, A.-W.* (Hrsg.): Service Engineering: Entwicklung und Gestaltung innovativer Dienstleistungen. 2. Aufl., Springer, Berlin et al. 2006, S. 23.

Scheer, A.-W.; Kruppke, H.; Heib, R.: E-Government: Prozessoptimierung in der öffentlichen Verwaltung. Springer, Berlin et al. 2003.

Schmidt, B.: e-Government und Servicequalität: Analyse zur Perspektive von IT-Anbietern und Verwaltungsführung. Diss., St. Gallen 2003.

Schneider, K.; Scheer, A.-W.: Konzept zur systematischen und kundenorientierten Entwicklung von Dienstleistungen. IWi Heft 175, April 2003.

Schwiering, K.: Electronic Government: Ein Konzept zur innovativen Neugestaltung öffentlicher Aufgabenwahrnehmung. Lit Verl., Münster 2005.

Schwiering, K.: Qualitätsprobleme im öffentlichen Sektor. In: Public Management – Diskussionsbeiträge, Universität, Hamburg 1999.

Von Lucke, J.: Electronic Government in der Welt. In: *Reinermann, H.* (Hrsg.): Regieren und Verwalten im Informationszeitalter: Unterwegs zur virtuellen Verwaltung. Band 22, R. v. Decker's Verlag, Heidelberg 2000, S.186.

Von Lucke, J.: Regieren und Verwalten im Informationszeitalter. Duncker & Humblot, Berlin 2003.

www.ingramcontent.com/pod-product-compliance
Lightning Source LLC
La Vergne TN
LVHW042305060326
832902LV00009B/1278